EINFACH GUT

Silke von Küster (Hrsg

Makrone, Kipferl & Co.

FALKEN

Inhalt

Zu diesem Buch

Die Vorweihnachtszeit ist die Zeit der köstlichen Gerüche. Überall dort, wo Plätzchenbäcker am Werke sind, zieht der verführerische Duft von Vanille, Zimt und anderen aromatischen Gewürzen durch das Haus. An den kürzer werdenden Tagen sitzen Familien und Freunde beim Adventskaffe zusammen und genießen selbstgemachte Plätzchen. In diesem Buch finden Sie sowohl traditionelle Rezepte als auch neue Rezeptideen für weihnachtliches Gebäck.
Gleich vorab einige Tips und Tricks fürs Plätzchenbacken: Lebkuchen schmecken aromatischer, wenn sie vor dem Verzehr für einige Zeit aufbewahrt werden. Sie können sie bereits 2 bis 3 Wochen vor dem Fest backen und dann in Steinguttöpfen lagern. Wenn Sie ein Stück frische Schale einer unbehandelten Orange zu den Lebkuchen geben, werden diese saftiger und weich. Buttergebäck schmeckt frisch am besten und sollte auch dementsprechend kurz nach der Herstellung genossen werden. Weihnachtsplätzchen lagern Sie am besten in Blechdosen und trennen die einzelnen Sorten durch Alu- oder Klarsichtfolie voneinander. Mürbe Gebäcksorten wie zum Beispiel Vanillekipferl können durch Lagen aus Pergamentpapier voneinander getrennt werden. Beim Ausrollen des Teiges sollten Sie die Arbeitsfläche oder das Backbrett sowie das Wellholz nur sparsam mit Mehl bestreuen, damit der Teig nicht zu trocken wird. Mürbeteig läßt sich auch zwischen 2 Bögen Pergamentpapier hervorragend ausrollen. Anstatt das Backblech einzufetten, können Sie es auch einfach mit Backpapier belegen.
Die in jedem Rezeptkopf angegebene Zubereitungszeit schließt eventuelle Vorbereitungszeiten bereits mit ein. Sonderzeiten wie z.B. Zeit zum Ruhen, Zeit zum Quellen etc. werden extra ausgewiesen. Eine Kalorienangabe je Stück ergänzt diesen Informationsblock.
Zu Ihrer Orientierung finden Sie über jedem Rezeptfoto ein Stichwort zur Geschmackscharakteristik und eines zum zeitlichen Gesamtaufwand.
Dabei definieren wir:

schnell: Die Plätzchen sind in maximal $^1/_2$ Stunde fertig.
braucht Zeit: Die Plätzchen sind in maximal $^1/_2$ bis $1\,^1/_2$ Stunden fertig.
zeitintensiv: Die Zubereitung der Plätzchen dauert länger als $1\,^1/_2$ Stunden.

Hierbei sind sowohl die Zubereitungszeit, die Backzeit als auch die Sonderzeit der einzelnen Rezepten bereits berücksichtigt. Die Backzeiten und Temperaturangaben beziehen sich auf einen Elektroherd mit Ober- und Unterhitze. Falls nicht anders angegeben, werden die Plätzchen auf der unteren Einschubleiste gebacken.

Abkürzungen:

EL	= Eßlöffel (gestrichen)
TL	= Teelöffel (gestrichen)
Msp.	= Messerspitze
Bd.	= Bund
P.	= Päckchen
TK-...	= Tiefkühl-...
l	= Liter
ml	= Milliliter
cl	= Zentiliter
kg	= Kilogramm
g	= Gramm
kcal	= Kilokalorien
ca.	= circa
Min.	= Minute(n)
Std.	= Stunde(n)
°C	= Grad Celsius
cm	= Zentimeter

Die **Kalorienangaben** beziehen sich immer auf **1 Stück.**

LEBKUCHEN & CO.

Wenn der Duft von Lebkuchen durch das Haus zieht, steht Weihnachten vor der Tür. Das feine Aroma der Gewürze entfaltet sich am besten, wenn der Teig vor dem Backen einige Stunden an einem kühlen Ort ruht.

Honigkuchenfiguren

- Für etwa 6 Stück
- Zubereitungszeit: ca. 1 1/2 Std.
- Zeit zum Ruhen: über Nacht
- ca. 1490 kcal je Stück

Für den Teig:
450 g Honig
4 Eier
350 g Zucker
150 g gemahlene Haselnüsse
1 P. Lebkuchengewürz
1 Prise Salz
1 kg Mehl
1 EL Pottasche
2 cl Rum

Zum Verzieren:
geschälte, halbierte Mandeln
kandierte Kirschen
Silberperlen
150 g Puderzucker
2–3 EL Zitronensaft

1. Dem Honig in einem Topf bei milder Hitze unter Rühren flüssig werden lassen. Eier zusammen mit Zucker schaumig schlagen und den Honig unter Rühren langsam dazufließen lassen.

2. Haselnüsse, Lebkuchengewürz, Salz und Mehl in einer Schüssel vermengen und die Mischung unter Rühren löffelweise zur Honigmasse geben. Die Pottasche im Rum auflösen, hinzufügen und das Ganze zu einem glatten Teig verkneten. Diesen über Nacht an einem kühlen Ort ruhen lassen.

3. Am nächsten Tag den Teig auf einer bemehlten Arbeitsfläche etwa 1 cm dick ausrollen und mit Ausstechförmchen nach Belieben Tannenbäume, Weihnachtsmänner oder andere Figuren ausstechen.

4. Den Backofen auf 200 °C vorheizen. Die Figuren auf ein mit Backpapier belegtes Backblech legen und mit Mandeln, kandierten Kirschen und Silberperlen verzieren. In den Ofen geben und 15 bis 20 Minuten backen.

5. Den Puderzucker mit dem Zitronensaft glattrühren, die Glasur in einen Spritzbeutel mit dünner Tülle füllen und die Figuren damit jeweils verzieren.

Tip:
Nach Belieben können Sie die Glasur auch mit Speisefarbe färben und die Figuren damit überziehen. Sehr hübsch sieht es aus, wenn Sie die Figuren mit bunten Schokolinsen, Geleefrüchten oder Konfekt verzieren. Die Verzierung dann in die noch warme Glasur drücken, damit sie haften bleibt.

ZEITINTENSIV · **WÜRZIG**

Dominosteine

- Für etwa 40 Stück
- Zubereitungszeit: ca. 1 1/2 Std.
- ca. 150 kcal je Stück

Für den Teig:
150 g Butter
150 g Zucker
1 P. Vanillezucker, 3 Eier
100 g geriebene Zartbitterschokolade
150 g gemahlene Haselnüsse
50 g Blütenzarte Köllnflocken
3 EL Mehl

Außerdem:
225 g Himbeergelee
100 g Marzipanrohmasse
50 g Puderzucker
400 g Zartbitterkuvertüre
Mandelsplitter, Haselnußkerne und Vollmilchkuvertüre zum Verzieren

1. Den Backofen auf 175 °C vorheizen. Butter zusammen mit Zucker, Vanillezucker und Eiern schaumig rühren. Zartbitterschokolade und Haselnüsse dazugeben. Haferflocken und das Mehl unterrühren. Ein Backblech mit Backpapier belegen und die Masse darauf gleichmäßig verstreichen. In den Ofen geben und etwa 1/2 Stunde backen.

2. Himbeergelee glattrühren und die Teigplatte damit bestreichen. Marzipanrohmasse mit Puderzucker verkneten und zwischen 2 Bögen Pergamentpapier auf die halbe Größe der Teigplatte ausrollen. Eine Hälfte der Teigplatte mit Marzipan belegen. Die andere Hälfte darüberschlagen und gut andrücken. Das Ganze in Würfel von etwa 2 cm Kantenlänge schneiden.

3. Die Kuvertüre im Wasserbad schmelzen. Die Würfel einzeln hineintauchen. Mit Mandelsplittern, Haselnußkernen oder Vollmilchkuvertüre verzieren.

Mandelcremewürfel

- Für etwa 40 Stück
- Zubereitungszeit: ca. 1 Std.
- Zeit zum Ruhen: über Nacht
- ca. 110 kcal je Stück

Für den Teig:
75 g Puderzucker
60 g Butterschmalz
2 Eigelb
¼ TL ausgekratztes Vanilleschotenmark
75 g feingeriebene Zartbitterkuvertüre
50 g feingehackte Rosinen
50 g feingeriebene Mandeln
2 EL feingehacktes Orangeat
125 g Sahne, 2 Eiweiß, 75 g Mehl

Außerdem:
240 g Johannisbeergelee
200 g Nougatmasse

1. Den Backofen auf 200 °C vorheizen. Zwei Drittel des Puderzuckers zusammen mit Butterschmalz, Eigelben und Vanilleschotenmark schaumig rühren. Kuvertüre, Rosinen, Mandeln sowie Orangeat dazugeben und unterrühren.

2. Die Sahne steif schlagen. Die Eiweiße zusammen mit dem restlichen Puderzucker steif schlagen. Sahne und Eischnee zur Butterschmalz-Ei-Masse geben, das Mehl darübersieben. Alles vorsichtig vermengen.

3. Ein Backblech mit Backpapier belegen und die Masse darauf gleichmäßig verstreichen. In den Ofen geben und 10 bis 15 Minuten backen. Die Teigplatte längs halbieren. Eine Hälfte mit Johannisbeergelee bestreichen, die andere daraufsetzen. Zugedeckt über Nacht ruhen lassen.

4. Die Nougatmasse im Wasserbad schmelzen und das Gebäck damit rundherum bestreichen. Das Ganze erkalten lassen und dann in Würfel oder Rhomben schneiden.

Oblatenlebkuchen

- Für etwa 40 Stück
- Zubereitungszeit: ca. $1^{3}/_{4}$ Std.
- Zeit zum Trocknen: über Nacht
- ca. 70 kcal je Stück

3 Eigelb
150 g flüssiger Honig
50 g Dattelmark
150 g gemahlene Mandeln
200 g Mehl
2 TL Weinsteinbackpulver
2 TL Lebkuchengewürz
100 g getrocknete Datteln
4 Eiweiß
40 Backoblaten (7 cm Ø)

1. Die Eigelbe zusammen mit dem Honig und dem Dattelmark schaumig rühren. Mandeln, Mehl, Backpulver und Lebkuchengewürz in einer Schüssel vermengen.

2. Die Mischung löffelweise unter Rühren zur Eigelbmasse geben. Die Datteln waschen, entkernen und in kleine Stücke schneiden. Die Eiweiße steif schlagen. Beides vorsichtig unter den Teig heben.

3. Jeweils 1 Eßlöffel der Masse auf eine Oblate geben. Dabei ringsherum einen kleinen Rand freilassen. Die Oblaten auf ein Backblech setzen und die Masse über Nacht trocknen lassen.

4. Am nächsten Tag das Blech auf der mittleren Einschubleiste in den kalten Backofen schieben und das Gebäck bei 180 °C 30 bis 35 Minuten backen.
(auf dem Foto: oben)

Walnußrauten

- Für etwa 50 Stück
- Zubereitungszeit: ca. 1 Std.
- ca. 70 kcal je Stück

125 g Butter
100 g flüssiger Honig
1 Ei
$^{1}/_{2}$ TL Vanillezucker
50 g gemahlener Weizen
200 g gemahlene Walnüsse
2 TL Weinsteinbackpulver
Butter für das Blech
50 Walnußhälften zum Verzieren

1. Die Butter zusammen mit dem Honig und dem Ei schaumig rühren. Den Vanillezucker einrühren. Weizen mit Walnüssen und Backpulver vermengen und die Mischung zur Butter-Honig-Masse geben.

2. Den Backofen auf 200 °C vorheizen. Alle Teigzutaten mit den Knethaken des elektrischen Handrührgeräts zu einem weichen Teig verarbeiten. Ein Backblech einfetten.

3. Den Teig mit einem nassen Löffel auf dem Blech verstreichen, dabei den Löffel zwischendurch immer wieder in kaltes Wasser tauchen. Den Teig längs und quer in 4 cm breite Streifen schneiden. Auf jede Raute eine Walnußhälfte setzen. Das Blech in den Ofen geben und die Rauten etwa 20 Minuten backen.
(auf dem Foto: unten)

Dänische Brune Kager

- Für etwa 75 Stück
- Zubereitungszeit: ca. 1 1/2 Std.
- Zeit zum Ruhen: über Nacht
- ca. 90 kcal je Stück

Für den Teig:
250 g Butter
200 g Zucker
125 g heller Zuckersirup
75 g Schwartau Süße Mandeln, gehackt
75 g Schwartau Sukkade
je 1/2 TL Nelken-, Zimt- und Ingwerpulver
1/2 EL Pottasche
500 g Mehl

Zum Verzieren:
150 g weiße Kuvertüre von Schwartau

1. Butter zusammen mit Zucker und Sirup in einem Topf unter ständigem Rühren bei milder Hitze erwärmen. Mandeln, Sukkade sowie Gewürze hinzufügen und einrühren. Die Sirupmasse etwas abkühlen lassen.

2. Die Pottasche in etwas warmem Wasser auflösen und unter die Sirupmasse rühren. Das Mehl hinzufügen und das Ganze zu einem Teig verkneten. Aus diesem zwei Rollen formen. Die Rollen in Alufolie wickeln und über Nacht im Kühlschrank ruhen lassen.

3. Den Backofen auf 200 °C vorheizen. Die Teigrollen in 1/2 cm dicke Scheiben schneiden. Diese auf ein mit Backpapier belegtes Backblech legen und im Ofen 8 bis 10 Minuten backen. Dann abkühlen lassen.

4. Die Kuvertüre im Wasserbad schmelzen, jeden Keks zur Hälfte hineintauchen und auf Pergamentpapier trocknen lassen.
(auf dem Foto oben)

Berliner Brot

- Für etwa 70 Stück
- Zubereitungszeit: ca. 1 1/2 Std.
- ca. 70 kcal je Stück

Für den Teig:
2 Eier, 200 g Zucker
65 g Zuckersirup, 1 EL Rum
1 Msp. Pimentpulver
1 Msp. Nelkenpulver
2 Msp. Zimtpulver
70 g geraspelte Schokolade
250 g Mehl
1 TL Backpulver
125 g Schwartau Süße Mandeln, gehackt
70 g Schwartau Sukkade

Zum Verzieren:
100 g Puderzucker
2–3 EL Zitronensaft
4 EL gehackte Pistazien

1. Den Backofen auf 200 °C vorheizen. Die Eier zusammen mit 2 Eßlöffeln Wasser schaumig rühren, dabei den Zucker einrieseln lassen. Nacheinander Zuckersirup, Rum, Gewürze und Schokolade einrühren.

2. Mehl, Backpulver, Mandeln sowie Sukkade vermengen und die Mischung löffelweise unterrühren. Ein Backblech mit Backpapier belegen und den Teig darauf gleichmäßig verstreichen. Im Ofen 20 bis 25 Minuten backen.

3. Den Kuchen abkühlen lassen, auf ein Küchentuch stürzen und das Backpapier entfernen. Den Puderzucker mit dem Zitronensaft glattrühren und die Kuchenoberfläche mit der Glasur überziehen. Mit Pistazien bestreuen.

4. Die Glasur fest werden lassen. Den Kuchen auf eine Platte setzen und in 2 x 5 cm große Stücke schneiden.
(auf dem Foto unten)

ZEITINTENSIV · WÜRZIG

BRAUCHT ZEIT · AROMATISCH

Zitronenwürfel

- Für etwa 30 Stück
- Zubereitungszeit: ca. 1 Std.
- ca. 60 kcal je Stück

Für den Teig:
120 g geriebene Mandeln
80 g Zucker, 1 Ei
1 TL abgeriebene Schale einer unbehandelten Zitrone
50 g feingehacktes Zitronat
3 EL Zitronensaft

Für die Glasur:
80 g Puderzucker
2 EL Zitronensaft

1. Den Backofen auf 120 °C vorheizen. Alle Teigzutaten in einer Schüssel mit beiden Händen gut vermischen und zu einem festen Teig verkneten.

2. Ein Backblech mit Backpapier belegen. Die Masse darauf verteilen, glattstreichen und im Ofen etwa 1/2 Stunde backen.

3. Die Masse nach dem Backen sofort in etwa 3 cm große Quadrate schneiden.

4. Den Puderzucker mit dem Zitronensaft glattrühren und die noch warmen Würfel mit der Glasur überziehen.

Tip:
Bestreuen Sie die Zitronenwürfel nach dem Glasieren mit feingehacktem Zitronat oder Orangeat.

Gewürzbrot

- Für etwa 50 Stück
- Zubereitungszeit: ca. 1 Std.
- Zeit zum Ruhen: über Nacht
- ca. 130 kcal je Stück

100 g Trockenpflaumen
100 g getrocknete Aprikosen
250 g Walnußkerne
100 g Butter
2 Eier, 6 EL Milch
250 g Zucker, 250 g Mehl
3/4 P. Backpulver
1 EL Nelkenpulver
2 EL Zimtpulver
2 EL Kakaopulver

Zum Verzieren:
250 g Puderzucker
Saft von 1 Zitrone
Orangeat in Streifen

1. Den Backofen auf 175 °C vorheizen. Die Trockenfrüchte kleinschneiden, die Walnüsse fein hacken. Butter zusammen mit Eiern, Milch und Zucker schaumig rühren.

2. Mehl mit Backpulver, Nelken-, Zimt- und Kakaopulver vermengen und die Mischung löffelweise unter Rühren zur Butter-Ei-Masse geben. Zum Schluß die Trockenfrüchte und die Walnüsse unter den Teig arbeiten.

3. Ein Backblech mit Backpapier belegen. Den Teig darauf gleichmäßig verstreichen und im Ofen etwa 20 Minuten backen. Zugedeckt über Nacht ruhen lassen.

4. Am nächsten Tag den Kuchen in fingerlange, etwa 5 cm breite Streifen schneiden. Den Puderzucker mit dem Zitronensaft glattrühren und die Streifen jeweils mit der Glasur überziehen. Die Orangeatstreifen in die noch warme Glasur drücken. Die Gewürzbrote trocknen lassen und bis zum Verzehr in einer Blechdose aufbewahren.

Liegnitzer Bomben

- Für etwa 18 Stück
- Zubereitungszeit: ca. 2 Std.
- ca. 360 kcal je Stück

Für den Teig:
200 g Honig
125 g Zucker, 50 g Butter
5 EL Sahne, 2 Eier
1 TL Zimtpulver
1 TL Lebkuchengewürz
1 P. Vanillezucker
250 g Mehl
3 EL Kakaopulver
2 TL Backpulver
50 g feingehacktes Zitronat
50 g feingehackte Mandeln

Für die Füllung:
100 g Marzipanrohmasse
100 g Aprikosenkonfitüre
1/8 l Rum
50 g gemahlene Mandeln
50 g gemahlene Haselnüsse
50 g Sultaninen

Für die Glasur:
200 g Kuvertüre

Außerdem:
Butter für die Förmchen

1. Honig zusammen mit Zucker, Butter sowie Sahne in einen Topf geben und das Ganze unter Rühren erwärmen, bis eine homogene Masse entsteht. Dabei darauf achten, daß sich der Zucker vollständig auflöst. Die Masse in eine Rührschüssel füllen.

2. In einer anderen Schüssel die Eier zusammen mit den Gewürzen und dem Vanillezucker schaumig schlagen. Unter ständigem Rühren die Honigmasse löffelweise unterrühren.

3. Das Mehl mit dem Kakao- und dem Backpulver vermischen, durchsieben und die Mischung unter den Teig rühren. Zum Schluß das Zitronat und die Mandeln einarbeiten.

4. Den Backofen auf 200 °C vorheizen. Für die Füllung die Marzipanrohmasse mit der Aprikosenkonfitüre verkneten. Rum, Mandeln, Haselnüsse und Sultaninen dazugeben und das Ganze gut verrühren.

5. Für die Förmchen aus doppelt extra starker Alufolie 18 mal Quadrate von etwa 15 cm Seitenlänge ausschneiden. Die Quadrate über einem kleinen Glas zu Näpfchen formen. Die Förmchen mit Butter ausstreichen und auf ein Backblech geben.

6. In die Förmchen jeweils 1 bis 2 Eßlöffel Teig füllen, darüber 2 Teelöffel Füllung geben und dann wieder 1 bis 2 Eßlöffel Teig. Auf diese Weise den gesamten Teig und die gesamte Füllung verarbeiten.

7. Das Ganze in den Ofen geben und 25 bis 30 Minuten backen. Nach dem Backen die Bomben jeweils stürzen, die Alufolie entfernen und das Backwerk kurz abkühlen lassen.

8. Für die Glasur die Kuvertüre im Wasserbad schmelzen und die Bomben damit überziehen.

Tip:
Wenn Sie die Bomben auch Kindern servieren wollen, aromatisieren Sie die Füllung anstelle mit Rum mit etwa 5 Eßlöffeln Rosenwasser.

Variation:
Sie können die Bomben auch mit Aprikosenkonfitüre und Kuvertüre überziehen. Hierfür streichen Sie 100 g Aprikosenkonfitüre durch ein Sieb in einen Topf und erwärmen die Konfitüre zusammen mit 1 Eßlöffel Wasser. Die Bomben mit der Mischung bestreichen und dann mit Kuvertüre überziehen.

Honigkuchenwürfel

- Für etwa 100 Stück
- Zubereitungszeit: ca. 25 Min.
- ca. 70 kcal je Stück

1 P. Holländischer Frühstückskuchen (Fertigprodukt)
250 g Kokosfett
250 g Puderzucker
1 P. Vanillezucker
3 Eier
150 g Kuvertüre
200 g Kokosraspel

1. Den Frühstückskuchen in 2 bis 3 cm große Würfel schneiden.

2. Das Kokosfett im Wasserbad schmelzen lassen, dann in eine Rührschüssel geben und darin zusammen mit Puderzucker, Vanillezucker und Eiern schaumig rühren.

3. Die Frühstückskuchenwürfel dazugeben und mit einer Gabel vorsichtig umrühren, so daß die Würfel nicht zerbröckeln, jedoch rundherum mit Schokoladenmasse bedeckt sind.

4. Die Kokosraspeln in eine Schüssel geben. Die Honigkuchenwürfel mit einer Gabel einzeln aus der Rührschüssel nehmen und in den Kokosraspeln wälzen. Eine Platte mit Alufolie belegen, die Honigkuchenwürfel daraufgeben und kühl stellen.

5. Bis zum Verzehr in einer Blechdose kühl aufbewahren.

Variation:
Anstelle des Fertigkuchens können Sie auch einen Honigkuchenteig wie auf Seite 4 beschrieben, zubereiten, diesen backen und dann in Würfel schneiden. Bedenken Sie aber, daß der Teig über Nacht ruhen muß und die Zubereitung etwa $1^1/_2$ Stunden beansprucht.

Brownies

- Für etwa 60 Stück
- Zubereitungszeit: ca. 1 1/4 Std.
- ca. 130 kcal je Stück

Für den Teig:
4 Eier, 350 g Zucker
400 g Vollmilchschokolade
90 g Butter
120 g Mehl
160 g geriebene Walnüsse

Zum Verzieren:
200 g Kuvertüre
60 Walnußkernhälften

1. Den Backofen auf 170 °C vorheizen. Die Eier zusammen mit dem Zucker schaumig rühren. So lange rühren, bis sich der Zucker vollständig aufgelöst hat und die Masse sehr cremig ist.

2. Die Schokolade in kleine Stückchen brechen. Zusammen mit 4 Eßlöffeln Wasser in eine kleines Pfännchen geben und im Wasserbad schmelzen lassen.

3. Die Butter dazugeben und unter Rühren darin schmelzen. Die Schokoladenmasse zur Eicreme geben. Das Mehl dazusieben und zusammen mit den Walnüssen darunterziehen.

4. Ein Backblech mit Backpapier belegen. Den Teig auf das Blech geben, glattstreichen und im Ofen 18 bis 20 Minuten backen. Aus dem Ofen nehmen und noch heiß in 3, 5 cm große Quadrate schneiden.

5. Die Kuvertüre im Wasserbad auflösen. Die Brownies damit überziehen und jeweils mit einer Walnußhälfte verzieren. Trocknen lassen und dann bis zum Verzehr in einer Blechdose aufbewahren.

Belgrader Brot

- Für etwa 60 Stück
- Zubereitungszeit: ca. 1 Std.
- ca. 70 kcal je Stück

Für den Teig:
2 Eier, 2 Eigelb
1 Btl. Citro-back
200 g Zucker
2 TL Zimtpulver
2 EL Semmelbrösel
250 g Mehl
2 EL Schwartau Früchte-Mix
200 g Schwartau Süße Mandeln, gehackt

Zum Verzieren:
1 Btl. Kuchenglasur Zitrone von Schwartau
Früchte-Mix von Schwartau

1. Den Backofen auf 200 °C vorheizen. Eier zusammen mit Eigelben, Citro-back und Zucker schaumig rühren. Die restlichen Teigzutaten hinzufügen und gründlich unterrühren.

2. Ein Backblech mit Backpapier belegen. Den Teig in die Mitte des Blechs geben und nach allen Seiten gleichmäßig etwa 1/2 cm dick verstreichen. Das Ganze in den Ofen geben und 15 bis 20 Minuten backen.

3. Den Kuchen sofort nach dem Backen mit einem langen, scharfen Messer in Rauten schneiden und diese abkühlen lassen.

4. Die Zitronenglasur nach Packungsanweisung auflösen. Die Rauten damit überziehen und mit Früchte-Mix verzieren.
(auf dem Foto oben)

Marzipanlebkuchen

- Für etwa 50 Stück
- Zubereitungszeit: ca. 50 Min.
- Zeit zum Ruhen: über Nacht
- ca. 100 kcal je Stück

Für den Teig:
250 g Zucker, 2 Eier
1 TL Zimtpulver, 1 TL Ingwerpulver
je 1/2 TL Nelken- und Muskatnußpulver
abgeriebene Schale von 1/2 unbehandelten Zitrone
350 g doppelgriffiges Weizenmehl
1 TL Natron, 50 g flüssiger Honig
200 g Marzipanrohmasse
je 100 g gewürfeltes Orangeat und Zitronat, Fett für das Blech

Zum Verzieren:
200 g Kuvertüre
geschälte, ganze Mandeln
gehackte Pistazien
Schalenstreifen von 1 unbehandelten Orange

1. Zucker zusammen mit Eiern und allen Würzzutaten schaumig rühren. Das Mehl mit dem Natron vermischen, zusammen mit dem Honig dazugeben und das Ganze zu einem glatten Teig verkneten.

2. Die Marzipanrohmasse mit dem Orangeat und dem Zitronat vermengen und unter den Teig kneten. Zugedeckt an einem kühlen Ort über Nacht ruhen lassen.

3. Den Backofen auf 175 °C vorheizen. Ein Backblech einfetten, den Teig darauf fingerdick ausrollen und im Ofen etwa 20 Minuten backen. Den Lebkuchen noch heiß in kleine Rechtecke schneiden. Die Kuvertüre im Wasserbad schmelzen und die Lebkuchen jeweils damit überziehen. Mit Mandeln, Pistazien oder Orangenschalenstreifen verzieren.
(auf dem Foto unten)

BRAUCHT ZEIT · **FRUCHTIG**

ZEITINTENSIV · **AROMATISCH**

Elisenlebkuchen

- Für etwa 35 Stück
- Zubereitungszeit: ca. 1 1/4 Std.
- Zeit zum Ruhen: ca. 1 Std.
- ca. 150 kcal je Stück

Für den Teig:
3 Eier, 250 g Zucker
250 g gehackte Mandeln
75 g Orangeat, 125 g Zitronat
120 g Mehl, 1 TL Backpulver
1 TL Zimtpulver, je 1 Msp. Nelken-, Kardamom-, und Pimentpulver
1/2 TL abgeriebene Schale einer unbehandelten Zitrone
1 EL Rum, 150 g geriebener Zwieback

Außerdem:
35 runde Backoblaten (8 cm Ø)
100 g Puderzucker, 2 EL Rum

1. Eier zusammen mit Zucker schaumig rühren. Mandeln, Orangeat sowie Zitronat hinzufügen und unterrühren. Mehl mit Backpulver vermischen, durchsieben und unter Rühren löffelweise dazugeben.

2. Gewürze, Zitronenschalenabrieb, Rum und Zwieback hinzufügen. Das Ganze gut verrühren, bis eine zähe, leicht streichfähige Masse entsteht. Diese bei Zimmertemperatur etwa 1 Stunde ruhen lassen.

3. Den Backofen auf 160 °C vorheizen. Ein Backblech mit Backpapier belegen. Backoblaten darauf verteilen. Ein Messer in kaltes Wasser tauchen und die Lebkuchenmasse damit jeweils etwa 2 cm dick auf die Oblaten streichen. Die Lebkuchen in den Ofen geben und in 15 bis 20 Minuten hellbraun backen.

4. Für die Glasur den Puderzucker mit dem Rum glattrühren. Die Lebkuchen mit der Glasur überziehen.
(auf dem Foto: oben)

Pfefferkuchen

- Für etwa 60 Stück
- Zubereitungszeit: ca. 3/4 Std.
- ca. 80 kcal je Stück

350 g Zucker
4 Eier
500 g Mehl
1 TL Zimtpulver
je 1 Msp. schwarzer Pfeffer, geriebene Muskatnuß und Nelkenpulver
1 EL Zitronensaft
1 EL abgeriebene Schale einer unbehandelten Zitrone
150 g gemahlene Haselnüsse

1. Den Zucker zusammen mit den Eiern schaumig rühren.

2. Das Mehl darübersieben und die übrigen Zutaten dazugeben. Alles rasch zu einem Teig kneten.

3. Den Backofen auf 180 °C vorheizen. Eine Arbeitsfläche mit Mehl bestreuen und den Teig darauf etwa 2 mm dick ausrollen.

4. Runde Plätzchen von etwa 6 cm Ø ausstechen, diese zu kleinen Kugeln formen und etwas flachdrücken.

5. Die Plätzchen auf ein mit Backpapier belegtes Blech legen und im Ofen etwa 1/4 Stunde backen.
(auf dem Foto: unten)

Variation:
Anstelle der Haselnüsse können Sie auch geriebene Mandeln nehmen.

ZEITINTENSIV · WÜRZIG-FRUCHTIG

BRAUCHT ZEIT · KNUSPRIG

MÜRBETEIG-GEBÄCK

Nicht nur Kindern bereitet das Ausstechen von Mürbeteigplätzchen großen Spaß. Beim Schmücken und Verzieren von Mürbeteiggebäck sind Ihrer Phantasie keine Grenzen gesetzt.

Zuckerplätzchen

- Für etwa 75 Stück
- Zubereitungszeit: ca. 1 1/2 Std.
- Zeit zum Ruhen: ca. 1 Std.
- ca. 50 kcal je Stück

Für den Teig:
250 g Mehl
1/2 P. Backpulver
100 g Butter
100 g Zucker
1 Ei
100 g gemahlene Mandeln

Zum Verzieren:
1 Eiweiß
150 g Puderzucker
rote Speisefarbe
gehackte Pistazien oder Mandeln
Zucker- oder Silberperlen
Schokoladenstreusel

1. Das Mehl mit dem Backpulver vermischen, auf eine Arbeitsfläche sieben und in die Mitte eine Vertiefung drücken. Die Butter stückchenweise in die Vertiefung geben, den Zucker darüberstreuen.

2. Das Ganze mit den Händen etwas zusammenschieben und dann mit einer Palette durchhacken Die Butter-Zucker-Mischung so lange mit der Palette unter das Mehl hacken, bis Streusel entstehen. Das muß schnell gehen, damit die Butter nicht zu weich wird.

3. Eine Vertiefung in die Mitte drücken, das Ei und die Mandeln hineingeben. Die Mischung mit kühlen Händen zu einem glatten Teig verarbeiten. Den Teig zu einer Kugel formen, in Klarsicht- oder Alufolie wickeln und für etwa 1 Stunde kühl stellen.

4. Den Backofen auf 200 °C vorheizen. Die Arbeitsfläche mit Mehl bestäuben und den Teig darauf 2 bis 3 mm dick ausrollen. Mit Ausstechförmchen unterschiedliche Plätzchen ausstechen. Diese auf ein mit Backpapier belegtes Blech legen und im Ofen etwa 1/4 Stunde backen.

5. Das Eiweiß steif schlagen. Den Puderzucker durchsieben, dazugeben und unterrühren. Den Zuckerguß halbieren. Eine Hälfte mit Speisefarbe rosa einfärben. Die Plätzchen mit weißem oder rosa Guß überziehen und nach Belieben mit Pistazien, Mandeln, Zucker- oder Silberperlen oder Schokoladenstreuseln verzieren.

Variation:
Sie können den Zuckerguß auch mit Fruchtsaft (Orangen- oder Kirschsaft) oder mit Waldmeistersirup einfärben. Hierfür rühren Sie etwa 200 g Puderzucker unter den Eischnee, halbieren die Masse und färben eine Hälfte mit etwa 1 Teelöffel Fruchtsaft oder Sirup.

ZEITINTENSIV • KNUSPRIG

Spitzbuben

- Für etwa 20 Stück
- Zubereitungszeit: ca. 1 1/2 Std.
- Zeit zum Ruhen: ca. 1/2 Std.
- ca. 240 kcal je Stück

Für den Teig:
200 g Butter, 100 g Zucker
50 g gemahlene Mandeln
200 g Mehl, ausgekratztes Mark von 1/2 Vanilleschote
200 g Kölln Instant Flocken, 4 Eigelb

Außerdem:
85 g Johannisbeergelee
Puderzucker zum Bestäuben

1. Die Butter zusammen mit dem Zucker schaumig rühren. Mandeln und Mehl mit dem Vanilleschotenmark vermengen und unter die Buttercreme kneten.

2. Die Haferflocken zusammen mit den Eigelben unter den Teig arbeiten. Den Teig zu einer Kugel formen, in Alufolie wickeln und für etwa 1/2 Stunde im Kühlschrank ruhen lassen.

3. Den Backofen auf 200 °C vorheizen. Eine Arbeitsfläche mit Mehl bestreuen und den Teig darauf dünn aurollen. Mit Ausstechförmchen runde Plätzchen und Ringe in gleicher Anzahl und Größe ausstechen.

4. Ein Backblech mit Backpapier belegen. Plätzchen und Ringe daraufsetzen und im Ofen in etwa 12 Minuten hellgelb backen. Anschließend noch heiß vom Blech nehmen und auf einem Kuchengitter abkühlen lassen.

5. Das Johannisbeergelee glattrühren und die Plätzchen damit dünn bestreichen. Die Ringe mit Puderzucker bestäuben und jeweils einen Ring auf ein Plätzchen setzen. Mit einem Teelöffel jeweils vorsichtig noch etwas Gelee in die Ringmitte geben, so daß der Ring ganz mit Gelee gefüllt ist.

Haferspekulatius

- Für etwa 45 Stück
- Zubereitungszeit: ca. 1 3/4 Std.
- Zeit zum Ruhen: ca. 1/2 Std.
- ca. 130 kcal je Stück

Für den Teig:
200 g Butter, 250 g Zucker
100 g gemahlene Mandeln
300 g Mehl, 2 TL Backpulver
1 P. Vanillezucker, 1 Spritzer Bittermandelöl, 2 Msp. gemahlener Kardamom, 2 Msp. Nelkenpulver
200 g Kölln Instant Flocken, 2 Eier

Außerdem:
100 g Köllns Echte Kernige zum Ausrollen

Zum Bestreichen:
1 Ei, 2 EL Milch

1. Die Butter zusammen mit dem Zucker in einer Schüssel schaumig rühren. So lange rühren, bis sich die Zuckerkristalle aufgelöst haben. Mandeln, Mehl und Backpulver vermengen und unter die Buttercreme kneten. Vanillezucker und Gewürze hinzufügen.

2. Die Haferflocken zusammen mit den Eiern unter den Teig arbeiten. Den Teig zu einer Kugel formen, in Alufolie wickeln und für etwa 1/2 Stunde im Kühlschrank ruhen lassen.

3. Den Backofen auf 180 °C vorheizen. Eine Arbeitsfläche mit Haferflocken bestreuen und den Teig darauf dünn ausrollen. Mit Ausstechförmchen beliebige Formen ausstechen.

4. Ein Backblech mit Backpapier belegen. Die Spekulatius daraufsetzen. Das Ei mit der Milch verquirlen und die Plätzchen mit der Mischung bestreichen. Dann im Ofen etwa 10 Minuten backen. Anschließend noch heiß vom Blech nehmen und auf einem Kuchengitter abkühlen lassen.

Heiligabendplätzchen

- Für etwa 40 Stück
- Zubereitungszeit: ca. 2 Std.
- Zeit zum Ruhen: ca. 1/2 Std.
- ca. 200 kcal je Stück

Für den Teig:
250 g Butter, 125 g Zucker
370 g Mehl, 200 g gemahlene Mandeln

Außerdem:
250 g Marzipanrohmasse
1 Eiweiß, 125 g Puderzucker
250 g Sahne, 1 Vanilleschote
100 g Kuvertüre

1. Butter zusammen mit Zucker schaumig rühren. Mehl und Mandeln hinzufügen und das Ganze zu einem glatten Teig verkneten. Diesen in Alufolie wickeln und für 1/2 Stunde im Kühlschrank ruhen lassen.

2. Backofen auf 180 °C vorheizen. Eine Arbeitsfläche mit Mehl bestreuen und den Teig darauf dünn ausrollen. Mit Ausstechförmchen Kreise von 7 cm Ø ausstechen und diese auf ein mit Backpapier belegtes Blech setzen.

3. Marzipanrohmasse zusammen mit Eiweiß und Puderzucker cremig rühren. Die Masse in einen Spritzbeutel mit Sterntülle füllen und auf die Hälfte der Plätzchen jeweils einen Marzipanrand spritzen. Die Plätzchen im Ofen 10 bis 15 Minuten backen.

4. Für die Füllung die Sahne zusammen mit der Vanilleschote erhitzen und aufkochen lassen. Die Kuvertüre kleinhacken, dazugeben und unter Rühren in der Sahne auflösen. Die Füllung unter ständigem Rühren cremig werden lassen. Die Vanilleschote entfernen. Die Plätzchen ohne Marzipanrand mit Füllung bestreichen und jeweils ein Marzipanplätzchen daraufsetzen.
(auf dem Foto oben)

Aprikosentörtchen

- Für etwa 25 Stück
- Zubereitungszeit: ca. 1 1/2 Std.
- Zeit zum Ruhen: ca. 1 Std.
- ca. 180 kcal je Stück

Für den Teig:
250 g Mehl
100 g Farinzucker
100 g gemahlene Walnüsse
150 g Butter
1 Ei

Für die Füllung:
150 g Aprikosenkonfitüre

Zum Verzieren:
100 g Schokoladenfettglasur
25 Walnußkernhälften

1. Das Mehl in einer Schüssel mit dem Zucker und den Nüssen mischen, die Butter in Stücken, dann das Ei hinzufügen und das Ganze zu einem glatten Teig verkneten. Diesen in Alufolie wickeln und für 1 Stunde im Kühlschrank ruhen lassen.

2. Den Backofen auf 200 °C vorheizen. Eine Arbeitsfläche mit Mehl bestreuen und den Teig darauf dünn ausrollen. Mit einem Ausstechförmchen 50 runde Plätzchen ausstechen und diese auf ein mit Backpapier belegtes Blech setzen. Die Plätzchen im Ofen etwa 1/4 Stunde backen.

3. Je 2 Plätzchen auf der Unterseite mit Aprikosenkonfitüre bestreichen und zusammensetzen.

4. Die Glasur im Wasserbad schmelzen. Jedes Törtchen mit der Oberseite hineintauchen und mit 1 Walnußkernhälfte verzieren.
(auf dem Foto unten)

ZEITINTENSIV · CREMIG

ZEITINTENSIV · NUSSIG

Weingebäck mit Mandeln

- Für etwa 70 Stück
- Zubereitungszeit: ca. 1 Std.
- Zeit zum Kühlen: ca. 2 Std.
- ca. 50 kcal je Stück

220 g Mehl, 200 g Puderzucker
2 Eier, 350 g saure Sahne
1/2 TL Bittermandelaroma
2 EL Zitronensaft
1 TL abgeriebene Schale einer unbehandelten Zitrone
125 ml Weißwein
170 g geschälte, geriebene Mandeln
2 EL geschälte, gehackte Mandeln

1. Ein Backblech mit Backpapier belegen. Das Mehl durchsieben. Etwa 190 g Puderzucker zusammen mit den Eiern mit den Quirlhaken des elektrischen Handrührgeräts schaumig rühren.

2. Saure Sahne, Bittermandelaroma, Zitronensaft und -schale sowie Weißwein zur Ei-Zucker-Masse geben und das Ganze gut vermengen.

3. Das Mehl und die geriebenen Mandeln löffelweise unterrühren. Den Teig nochmals gut durcharbeiten. Dann in Alufolie wickeln und für 2 Stunden im Kühlschrank ruhen lassen.

4. Den Backofen auf 180 °C vorheizen. Den Teig auf das Backblech geben und mit einem Spatel gleichmäßig darauf verstreichen. Alles mit einem Teelöffel Puderzucker bestreuen und die gehackten Mandeln darüber verteilen.

5. Den Teig auf der mittleren Einschubleiste des Backofens 35 bis 40 Minuten backen. Dann 5 bis 10 Minuten abkühlen lassen.

6. Das Gebäck mit dem restlichen Puderzucker bestäuben und mit einem langen, scharfen Messer in kleine Rechtecke von 4 cm Seitenlänge schneiden.

Tip:

Verwenden Sie für dieses Gebäck einen trockenen, jedoch nicht zu säuerlichen Weißwein. Die Plätzchen können problemlos für 2 bis 3 Wochen in einer gut verschließbaren Blechdose aufbewahrt werden.

Variationen:

Sie können den Teig auch mit 1/2 Teelöffel geriebenen Bittermandeln würzen. Bittermandeln sollten Sie grundsätzlich nur in geringsten Mengen dosieren, da die Mandeln giftige Blausäure enthalten. Um bei Kindern ein Gesundheitsriskiko auszuschließen, sollten Sie beim Plätzchenbacken sicherheitshalber auf Bittermandeln oder Bittermandelaroma ganz verzichten, wenn die Kleinen mitessen. Je nach Geschmack können Sie das Gebäck auch mit einer Glasur aus 150 g Puderzucker und 2 Eßlöffeln Zitronensaft überziehen. Es schmeckt dann etwas süßer, gleichzeitig bleiben die Plätzchen aber durch die Glasur länger saftig.

Italienische Pangani

- Für etwa 70 Stück
- Zubereitungszeit: ca. 1 1/2 Std.
- Zeit zum Ruhen: ca. 1/2 Std.
- ca. 60 kcal je Stück

Für den Teig:
375 g Mehl, 150 g Butter, 170 g Zucker
1 P. Vanillezucker, 1 Ei, 2 EL Milch
1/4 TL gemahlener Kardamom
1/2 Btl. Schwartau Zimt-back
1/2 Btl. Citro-Back

Zum Verzieren:
150 g Halbbitterkuvertüre
von Schwartau

1. Das Mehl auf eine Arbeitsfläche sieben und in die Mitte eine Vertiefung drücken. Die Butter stückchenweise in die Vertiefung geben, den Zucker und den Vanillezucker darüberstreuen.

2. Die Butter-Zucker-Mischung mit einer Palette unter das Mehl hacken, bis Streusel entstehen. Eine Vertiefung in die Mitte drücken, restliche Zutaten hineingeben. Die Mischung zu einem glatten Teig verarbeiten. Den Teig zu einer Kugel formen, in Alufolie wickeln und etwa 1/2 Stunde kühl stellen.

3. Den Backofen auf 200 °C vorheizen. Eine Arbeitsfläche mit Mehl bestäuben und den Teig darauf etwa 5 mm dick ausrollen. Rechtecke ausschneiden oder mit Ausstechförmchen ausstechen. Diese auf ein mit Backpapier belegtes Blech legen und im Ofen etwa 1/4 Stunde backen.

4. Die Kuvertüre nach Packungsanweisung erwärmen, die Plätzchen jeweils zur Hälfte hineintauchen und auf einem Kuchengitter trocknen lassen.
(auf dem Foto oben)

Englische Gingerhearts

- Für etwa 85 Stück
- Zubereitungszeit: ca. 1 3/4 Std.
- Zeit zum Ruhen: ca. 1 Std.
- ca. 50 kcal je Stück

Für den Teig:
120 g Butter, 120 g Zucker
1 Ei, 1 Prise Salz
1 P. Vanillezucker
1 1/2 TL Ingwerpulver
200 g Mehl
50 g Speisestärke
1 TL Backpulver

Zum Verzieren:
200 g Halbbitterkuvertüre
von Schwartau
100 g Schwartau Süße
Mandeln, gesplittert

1. Die Butter zusammen mit dem Zucker und dem Ei schaumig rühren. Salz, Vanillezucker und Ingwerpulver hinzufügen. Mehl, Speisestärke und Backpulver mischen, durchsieben und unter die Butter-Zucker-Masse rühren.

2. Das Ganze zu einem glatten Teig verarbeiten, diesen in Alufolie wickeln und im Kühlschrank für 1 Stunde ruhen lassen.

3. Den Backofen auf 200 °C vorheizen. Eine Arbeitsfläche mit Mehl bestäuben und den Teig darauf etwa 5 mm dick ausrollen. Mit einem Ausstechförmchen Herzen ausstechen. Diese auf ein mit Backpapier belegtes Blech legen und im Ofen etwa 1/4 Stunde backen. Danach abkühlen lassen.

4. Die Kuvertüre nach Packungsanweisung erwärmen, die Herzen damit bestreichen und mit Mandelsplittern verzieren. Auf einem Kuchengitter trocknen lassen.
(auf dem Foto unten)

ZEITINTENSIV · FEIN

ZEITINTENSIV · SCHOKOLADIG

Vanillekipferl

- Für etwa 80 Stück
- Zubereitungszeit: ca. 1 1/4 Std.
- Zeit zum Ruhen: ca. 1 Std.
- ca. 60 kcal je Stück

Für den Teig:
125 g Speisestärke , 200 g Mehl
250 g Butter, 100 g Zucker
2 Eigelb, 1 Prise Salz
ausgekratztes Mark einer Vanilleschote
3 EL gemahlene Mandeln
3 EL gemahlene Haselnüsse

Außerdem:
100 g Puderzucker
2 P. Vanillezucker

1. Die Speisestärke und das Mehl auf eine Arbeitsfläche sieben, in die Mitte eine Vertiefung drücken. Die Butter in kleine Stücke schneiden, in die Vertiefung geben und den Zucker darüberstreuen. Das Ganze mit einer Palette so lange hacken, bis Streusel entstehen.

2. Die übrigen Teigzutaten dazugeben und das Ganze mit beiden Händen rasch zu einem Mürbeteig verkneten. Den Teig zu einer Kugel formen, in Alufolie wickeln und für 50 Minuten kühl stellen.

3. Den Backofen auf 175 °C vorheizen. Aus dem Teig auf einer bemehlten Arbeitsfläche jeweils Rollen von 1 cm Ø formen und diese für 10 Minuten kühl stellen. Mit einem Teigschaber von den Rollen 1/2 cm dicke Scheiben abtrennen und diese zu kleinen Hörnchen (Kipferl) biegen.

4. Auf ein mit Backpapier belegtes Backblech legen. Die Kipferl im Ofen 12 bis 15 Minuten backen. Den Puderzucker mit dem Vanillezucker vermischen und die noch warmen Kipferl darin wälzen. Bis zum Verzehr in einer Blechdose aufbewahren.

Schwarzweiße Haselnüsschen

- Für etwa 80 Stück
- Zubereitungszeit: ca. 1 1/2 Std.
- ca. 70 kcal je Stück

Für den Teig:
250 g Margarine, 250 g Zucker
1 Prise Salz
ausgekratztes Mark einer Vanilleschote
1 Msp. Hirschhornsalz, 375 g Mehl

Außerdem:
3 EL Mehl, Fett für das Blech
2 EL Kakaopulver
etwa 100 g Haselnußkerne

1. Margarine zusammen mit Zucker, Salz und Vanilleschotenmark schaumig rühren. Das Hirschhornsalz in etwas Wasser auflösen. Das Mehl durchsieben und dann zusammen mit dem Hirschhornsalz zum übrigen Teig geben. Das Ganze gut verrühren.

2. Den Backofen auf 200 °C vorheizen. Den Teig in zwei Hälften teilen, unter eine Hälfte 3 Eßlöffel Mehl kneten und eine Rolle daraus formen. Ein Backblech einfetten. Die Teigrolle in etwa 40 Stücke teilen, diese zu Kugeln formen und auf das Blech setzen.

3. In jede Teigkugel mit dem Daumen in die Mitte eine kleine Vertiefung drücken und in die Vertiefung einen Haselnußkern setzen. Den restlichen Teig mit dem Kakaopulver gründlich verkneten. Den Teig ebenfalls zu einer Rolle formen, in 40 Stücke teilen, diese zu Kugeln formen und auf das Blech setzen. Die dunklen Kugeln wie die hellen mit Haselnußkernen versehen.

4. Die Plätzchen in den Ofen geben und 12 bis 15 Minuten backen. Danach auf einem Kuchengitter abkühlen lassen und bis zum Verzehr in einer Blechdose aufbewahren.

Zitronenkränzchen

- Für etwa 35 Stück
- Zubereitungszeit: ca. 1 1/2 Std.
- Zeit zum Ruhen: über Nacht
- ca. 90 kcal je Stück

Für den Teig:
1 unbehandelte Zitrone
125 g Butter
100 g Zucker
2 Eigelb
200 g Mehl
50 g Speisestärke
1 TL Backpulver

Zum Verzieren:
1 Eigelb
1 EL Milch
Hagelzucker

1. Die Zitrone heiß waschen, abtrocknen und die Schale dünn abreiben. Die Frucht auspressen. Die Butter zusammen mit dem Zucker schaumig rühren, dann Zitronenschale und -saft sowie die Eigelbe einrühren.

2. Mehl, Speisestärke und Backpulver mischen, durchsieben und löffelweise unter den Teig rühren. Das Ganze zu einem glatten Teig verkneten, diesen in Alufolie wickeln und über Nacht im Kühlschrank ruhen lassen.

3. Den Backofen auf 200 °C vorheizen. Eine Arbeitsfläche mit Mehl bestreuen und den Teig darauf 1/2 cm dick ausrollen. Mit einem Ausstechförmchen kleine Kränze ausstechen und diese auf ein mit Backpapier belegtes Blech legen.

4. Das Eigelb mit der Milch verquirlen und die Kränzchen mit der Mischung bestreichen. Die Plätzchen dick mit Hagelzucker bestreuen und im Ofen 10 bis 15 Minuten backen.
(auf dem Foto oben)

Granatsplitter

- Für etwa 45 Stück
- Zubereitungszeit: ca. 1 1/2 Std.
- Zeit zum Ruhen: ca. 1/2 Std.
- ca. 120 kcal je Stück

Für den Teig:
150 g Mehl, 4 TL Backpulver
50 g Butter, 50 g Zucker
1 P. Vanillezucker
4 Tropfen Rumaroma, 4 EL Milch

Für den Belag:
125 g Kokosfett, 65 g Puderzucker
3 EL Kakaopulver, 1 P. Vanillezucker
1 EL Rum, 1 Ei, 75 g Mandelstifte
400 g Kuvertüre

1. Aus den Teigzutaten einen Mürbeteig herstellen. Den Teig zu einer Kugel formen, in Alufolie wickeln und für 1/2 Stunde kühl stellen.

2. Backofen auf 180 °C vorheizen. Eine Arbeitsfläche mit Mehl bestreuen und den Teig darauf dünn ausrollen. Mit einem Ausstechförmchen 45 runde Plätzchen (4 cm Ø) ausstechen und diese auf ein mit Backpapier belegtes Blech setzen. Den Teigrest zu Plätzchen ausradeln. Im Ofen etwa 10 Minuten backen.

3. Das Kokosfett zerlassen und abkühlen lassen. Puderzucker, Kakaopulver, Vanillezucker, Rum und Ei unterrühren. Ausgeradelte Plätzchen zerbröckeln und zusammen mit Mandelstiften unter die Kakaomasse rühren. Die Masse bergförmig auf die runden Plätzchen streichen. Kuvertüre im Wasserbad schmelzen, die Granatsplitter auf der Oberseite damit überziehen und trocknen lassen.
(auf dem Foto unten)

ZEITINTENSIV · FRUCHTIG

ZEITINTENSIV · SCHOKOLADIG

Zimtherzen

- Für etwa 65 Stück
- Zubereitungszeit: ca. $1^1/_4$ Std.
- Zeit zum Ruhen: ca. $^1/_2$ Std.
- ca. 50 kcal je Stück

Für den Teig:
250 g Mehl
$^1/_2$ TL Backpulver
2 TL Zimtpulver
150 g Margarine
125 g Zucker
1 Prise Salz
1 P. Vanillezucker, 1 Ei

Für den Guß:
1 Eiweiß
150 g Puderzucker

1. Mehl mit Back- und Zimtpulver vermischen, auf eine Arbeitsfläche sieben, in die Mitte eine Vertiefung drücken. Margarine in kleine Stücke schneiden, in die Vertiefung geben und Zucker, Salz sowie Vanillezucker darüberstreuen. Mit einer Palette so lange hacken, bis Streusel entstehen.

2. Das Ei dazugeben und das Ganze mit beiden Händen rasch zu einem Mürbeteig verkneten. Den Teig zu einer Kugel formen, in Alufolie wickeln und für $^1/_2$ Stunde kühl stellen.

3. Den Backofen auf 175 °C vorheizen. Eine Arbeitsfläche mit Mehl bestreuen und den Teig darauf dünn ausrollen. Mit einem Ausstechförmchen etwa 65 Herzen ausstechen und diese auf ein mit Backpapier belegtes Blech setzen. Im Ofen 10 bis 15 Minuten backen.

4. Die Herzen abkühlen lassen. Eiweiß steif schlagen, dabei den Puderzucker einrieseln lassen. Die Herzen mit dem Guß überziehen und auf Pergamentpapier trocknen lassen.
(auf dem Foto: links)

Schokobrezeln

- Für etwa 50 Stück
- Zubereitungszeit: ca. $1^1/_2$ Std.
- Zeit zum Ruhen: ca. $^1/_2$ Std.
- ca. 70 kcal je Stück

250 g Mehl
$^1/_2$ TL Backpulver
150 g Butter
125 g Zucker
1 Prise Salz
1 P. Vanillezucker
1 Ei, 2 EL Rum

Außerdem:
150 g Kuvertüre

1. Mehl mit Backpulver vermischen, auf eine Arbeitsfläche sieben, in die Mitte eine Vertiefung drücken. Butter in kleine Stücke schneiden, in die Vertiefung geben und Zucker, Salz sowie Vanillezucker darüberstreuen. Mit einer Palette so lange hacken, bis feine Streusel entstehen.

2. Das Ei sowie den Rum dazugeben und das Ganze mit beiden Händen rasch zu einem Mürbeteig verkneten. Den Teig zu einer Kugel formen, in Alufolie wickeln und für $^1/_2$ Stunde kühl stellen.

3. Den Backofen auf 175 °C vorheizen. Eine Arbeitsfläche mit Mehl bestreuen und aus dem Teig darauf dünne Rollen von 10 bis 13 cm Länge formen. Die Rollen jeweils zu Brezeln schlingen und diese auf ein mit Backpapier belegtes Blech setzen. Im Ofen 15 bis 20 Minuten backen.

4. Die Brezeln abkühlen lassen. Die Kuvertüre im Wasserbad schmelzen, die Brezeln einzeln hineintauchen und auf Pergamentpapier trocknen lassen.
(auf dem Foto: rechts)

Husarenkrapferl

- Für etwa 75 Stück
- Zubereitungszeit: ca. 1 1/2 Std.
- Zeit zum Ruhen: ca. 1 Std.
- ca. 60 kcal je Stück

Für den Teig:
300 g Mehl
100 g Schwartau gemahlene Haselnüsse
200 g Butter
100 g Zucker, 1 Prise Salz
2 Eigelb
ausgekratztes Mark einer Vanilleschote

Zum Verzieren:
2 P. rote Belegkirschen von Schwartau
Puderzucker zum Bestäuben

1. Das Mehl auf eine Arbeitsfläche sieben und in die Mitte eine Vertiefung drücken. Die Haselnüsse darüberstreuen. Die Butter in kleine Stücke schneiden, in die Vertiefung geben und Zucker sowie Salz darüberstreuen. Mit einer Palette so lange hacken, bis Streusel entstehen.

2. Eigelbe sowie Vanilleschotenmark dazugeben und das Ganze mit beiden Händen rasch zu einem Mürbeteig verkneten. Den Teig zu einer Kugel formen, in Alufolie wickeln und für 1 Stunde kühl stellen.

3. Den Backofen auf 200 °C vorheizen. Eine Arbeitsfläche mit Mehl bestreuen und aus dem Teig darauf haselnußgroße Kugeln formen. In die Mitte eine Vertiefung drücken.

4. Die Belegkirschen halbieren und in jedes Plätzchen eine halbe Kirsche geben. Auf ein mit Backpapier belegtes Blech setzen und im Ofen 12 bis 15 Minuten backen.

5. Die Plätzchen auf einem Kuchengitter abkühlen lassen. Zum Schluß dick mit Puderzucker bestäuben.

Norwegische Weihnachtsringe

- Für etwa 70 Stück
- Zubereitungszeit: ca. 1 1/2 Std.
- Zeit zum Ruhen: ca. 1/2 Std.
- ca. 80 kcal je Stück

Für den Teig:
3 hartgekochte Eier, 1 Eigelb
160 g Puderzucker, ausgekratztes Mark von 1/2 Vanilleschote
250 g Margarine, 400 g Mehl

Zum Verzieren:
1 Btl. Kuchenglasur Zitrone
100 g Schwartau Süße Mandeln, gehackt, 1 P. bunte Zuckerstreusel

1. Die Eier pellen und die Eigelbe jeweils herauslösen. Die Eigelbe durch ein Sieb in eine Rührschüssel streichen. Eigelb, Puderzucker sowie Vanilleschotenmark hinzufügen und das Ganze mit den Quirlhaken des elektrischen Handrührgeräts cremig rühren.

2. Die Margarine in Stücken hinzufügen, das Mehl darübersieben und das Ganze mit beiden Händen zu einem glatten Teig verkneten. Den Teig zu einer Kugel formen, in Alufolie wickeln und für 1/2 Stunde kühl stellen.

3. Den Backofen auf 200 °C vorheizen. Eine Arbeitsfläche mit Mehl bestreuen und den Teig darauf etwa 5 mm dick ausrollen. Mit einem Ausstechförmchen gewellte Ringe ausstechen. Diese auf ein mit Backpapier belegtes Blech setzen und im Ofen 10 bis 12 Minuten backen.

4. Die Plätzchen abkühlen lassen. Die Zitronenglasur nach Packungsanweisung erwärmen und die Plätzchen damit bestreichen. Mit Mandeln sowie Zuckerstreuseln bestreuen und auf Pergamentpapier trocknen lassen. Bis zum Verzehr in einer Blechdose aufbewahren.

Schweizer Haferplätzchen

- Für etwa 60 Stück
- Zubereitungszeit: ca. 1 1/2 Std.
- Zeit zum Quellen: über Nacht
- Zeit zum Ruhen: ca. 1/2 Std.
- ca. 70 kcal je Stück

200 g Blütenzarte Köllnflocken
250 g Zucker
150 g Sahne
50 g weiche Butter
1 Ei
abgeriebene Schale von
1/2 unbehandelten Zitrone
280 g Mehl
1 TL Backpulver
1–2 Eigelb zum Bestreichen

1. Die Haferflocken und den Zucker in einer Schüssel vermischen. Die Sahne darübergießen. Das Ganze gut durchrühren, mit Alufolie abdecken und über Nacht quellen lassen.

2. Am nächsten Tag die Butter schaumig rühren. Das Ei verquirlen und zusammen mit der Butter unter die Haferflockenmasse rühren. Übrige Teigzutaten darunterkneten und den Teig zugedeckt 1/2 Stunde ruhen lassen.

3. Den Backofen auf 200 °C vorheizen. Eine Arbeitsfläche mit Mehl bestreuen, den Teig darauf dünn ausrollen und Plätzchen in beliebigen Formen ausstechen.

4. Die Plätzchen auf ein mit Backpapier belegtes Blech geben, mit verquirltem Eigelb bestreichen und im Ofen in 10 bis 12 Minuten goldgelb backen.
(auf dem Foto oben)

Zimt-Marzipan-Plätzchen

- Für etwa 30 Stück
- Zubereitungszeit: ca. 1 1/2 Std.
- Zeit zum Ruhen: ca. 2 Std.
- ca. 80 kcal je Stück

Für den Teig:
50 g Mehl
50 g Blütenzarte Köllnflocken
1/2 TL Backpulver
1 Prise Jodsalz
1 Prise Nelkenpulver
1 TL Zimtpulver, 50 g Margarine
50 g Zucker, 1 1/2 EL Rübensirup

Außerdem:
150 g Aprikosenmarmelade
150 g Marzipanrohmasse
75 g Puderzucker

1. Mehl, Haferflocken, Backpulver, Salz und Gewürze in einer Schüssel vermischen. Übrige Teigzutaten hinzufügen, das Ganze zu einem glatten Teig verkneten und daraus Rollen von 3 cm Ø formen. Die Rollen jeweils in Alufolie wickeln und für 2 Stunden kühl stellen.

2. Den Backofen auf 180 °C vorheizen. Ein Backblech mit Backpapier belegen. Von den Teigrollen etwa 50 mm dicke Scheiben abschneiden. Diese zu kleinen Kugeln formen, auf das Blech setzen und im Ofen 8 bis 10 Minuten backen. Noch heiß vom Blech nehmen und abkühlen lassen.

3. Die Aprikosenmarmelade in einem Topf unter Rühren erhitzen. Die Marzipanrohmasse mit dem Puderzucker verkneten, zwischen 2 Bögen Pergamentpapier ausrollen und kleine Förmchen ausstechen.

4. Die Plätzchen jeweils mit Marmelade bestreichen und Marzipanfiguren daraufsetzen.
(auf dem Foto unten)

ZEITINTENSIV · KNUSPRIG

ZEITINTENSIV · AROMATISCH

Nougatsterne

- Für etwa 30 Stück
- Zubereitungszeit: ca. $1\frac{1}{2}$ Std.
- Zeit zum Ruhen: ca. 2 Std.
- ca. 150 kcal je Stück

Für den Teig:
125 g Butter
100 g Vollmilchschokolade
50 g Zucker
250 g Mehl, 1 Ei
1 EL Instantkaffeepulver

Für die Füllung:
100 g Nußnougatcreme (Fertigprodukt)

Zum Verzieren:
200 g weiße Kuvertüre
30 Haselnußkerne

1. Die Butter in Stücke schneiden, die Schokolade zerbröckeln. Beides zusammen im Wasserbad schmelzen lassen. Dann in einer Rührschüssel mit den übrigen Teigzutaten vermengen und das Ganze zu einem glatten Teig verkneten. Den Teig zu einer Kugel formen, in Alufolie wickeln und für 2 Stunden kühl stellen.

2. Den Backofen auf 175 °C vorheizen. Eine Arbeitsfläche mit Mehl bestreuen. Den Teig darauf nochmals durchkneten und dann dünn ausrollen. Mit einem Ausstechförmchen 60 etwa 6 cm große Sterne ausstechen. Diese auf ein mit Backpapier belegtes Blech legen und im Ofen 10 bis 15 Minuten backen.

3. Die Sterne kurz abkühlen lassen. Je 2 Sterne mit einem Klecks Nußnougatcreme zusammensetzen. Die Kuvertüre im Wasserbad schmelzen. Jeden zusammengesetzten Stern mit der Oberseite hineintauchen und dann mit 1 Haselnußkern verzieren.

Hippengebäck

- Für etwa 40 Stück
- Zubereitungszeit: ca. 1 Std.
- ca. 20 kcal je Stück

1 Ei, 3 EL Puderzucker
2 EL flüssiges Butterschmalz
60 g Mehl
1 Msp. Zimtpulver
etwa 100 ml Milch
1 TL Kakaopulver

Außerdem:
Butterschmalz und Mehl für das Blech

1. Das Ei zusammen mit dem Puderzucker schaumig rühren. Butterschmalz, Mehl und Zimtpulver einrühren. Unter ständigem Rühren soviel Milch dazugeben, bis die Masse streichfähig wird. Von der Masse 2 Eßlöffel abnehmen und diese mit Kakaopulver dunkel färben.

2. Den Backofen auf 150 °C vorheizen. Ein Blech mit Butterschmalz einfetten und mit Mehl bestäuben. Die Teigmasse mit Hilfe von Schablonen, zum Beispiel Herzen oder Tannenbäumchen dünn auf das Blech streichen. Jede Figur mit dunkler Masse verzieren.

3. Das Ganze in den Ofen geben und in etwa 10 Minuten hellbraun backen. Anschließend sofort aus dem Ofen nehmen und noch heiß formen. Hierfür ein Wellholz nehmen und jede Hippe darüber biegen oder wickeln.

Basler Braune

- Für etwa 80 Stück
- Zubereitungszeit: ca. 1 1/2 Std.
- Zeit zum Ruhen: ca. 1 Std.
- ca. 70 kcal je Stück

3 Eier, 300 g Zucker
1 P. Vanillezucker
500 g Schwartau Süße Mandeln, gemahlen
1 Btl. Zimt-back
100 g geraspelte Vollmilchschokolade
1 Btl. Schwartau Kirschwasserback
1 Prise Salz
Puderzucker zum Bestäuben

1. Die Eier zusammen mit dem Zucker und dem Vanillezucker schaumig rühren. Mandeln, Zimt-back, Schokolade, Kirschwasserback sowie Salz hinzufügen und das Ganze mit beiden Händen zu einem glatten Teig verkneten.

2. Den Teig zu einer Kugel formen, in Alufolie wickeln und für 1 Stunde kühl stellen. Dann den Backofen auf 200 °C vorheizen. Ein Backblech mit Backpapier belegen.

3. Eine Arbeitsfläche mit Mehl bestreuen und den Teig darauf etwa 1/2 cm dick ausrollen. Mit Ausstechförmchen Sterne in unterschiedlicher Größe ausstechen und diese auf das Blech legen.

4. Das Blech in den Ofen geben und die Sterne 10 bis 15 Minuten backen. Danach auf einem Kuchengitter abkühlen lassen und dick mit Puderzucker bestäuben.
(auf dem Foto oben)

Tip:
Wenn Sie die Plätzchen etwas herber mögen, können Sie die Vollmilch- durch Zartbitterschokolade ersetzen.

Mandelsterne

- Für etwa 20 Stück
- Zubereitungszeit: ca. 3/4 Std.
- Zeit zum Kühlen: ca. 1 1/4 Std.
- ca. 70 kcal je Stück

75 g weiche Butter
3 EL Zucker
1 Prise Salz
1 TL Vanillezucker
100 g Mehl
1 1/2 EL Mandelblättchen
1 1/2 EL geschälte, geriebene Mandeln
1/2 Eiweiß
3 EL Puderzucker
1/2 TL Bittermandelaroma

1. Die Butter schaumig rühren. Nach und nach Zucker, Salz und Vanillezucker dazugeben. Das Mehl darübersieben. Das Ganze mit einer Holzkelle zu einem Teig verrühren, diesen in Alufolie wickeln und für 1 Stunde kühl stellen.

2. Die Mandelblättchen in einer beschichteten Pfanne ohne Fettzugabe hellgelb rösten. Geriebene Mandeln zusammen mit dem Eiweiß unter den Teig kneten. Den Teig auf einer bemehlten Arbeitsfläche etwa 3 mm dick ausrollen und Sterne von 3 bis 4 cm Ø ausstechen.

3. Die Sterne für 1/4 Stunde kühl stellen. Den Backofen auf 160 °C vorheizen. Die Plätzchen in den Ofen geben und in 10 bis 15 Minuten hellgelb backen.

4. Puderzucker, Bittermandelaroma und 1 Teelöffel Wasser gut verrühren. Die Sterne jeweils mit der Glasur bestreichen und mit gerösteten Mandelblättchen bestreuen.
(auf dem Foto unten)

ZEITINTENSIV · ZART

MAKRONEN, SPRITZ-GEBÄCK & CO.

Makronen und Spritzgebäck dürfen auf keinem Plätzchenteller fehlen. Beide Gebäcke sind schnell zubereitet, da der Teig nach dem Anrühren nur noch auf das Blech gespritzt und dann gebacken werden muß.

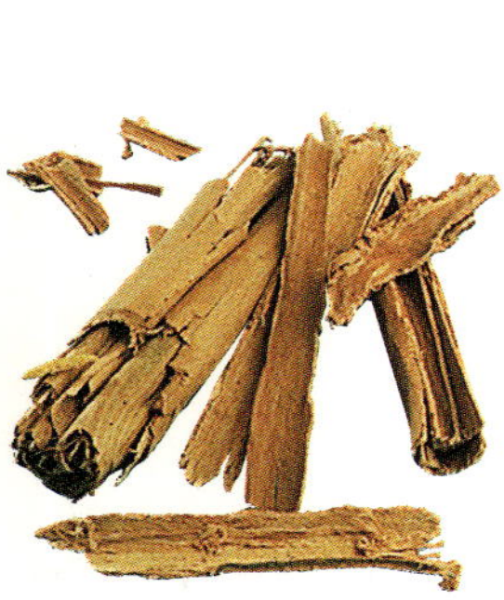

Mandelmakronen

- Für etwa 20 Stück
- Zubereitungszeit: ca. $^{3}/_{4}$ Std.
- ca. 50 kcal je Stück

Für den Teig:
2 Eiweiß
70 g Zucker
100 g ungeschälte, feingemahlene Mandeln

Außerdem:
16–20 runde Backoblaten (ca. 5 cm Ø)
evtl. geschälte Mandelhälften zum Verzieren

1. Die Eiweiße zusammen mit einigen Tropfen kaltem Wasser in eine hohe Rührschüssel geben und darin mit den Quirlhaken eines Handrührgeräts sehr steif schlagen. Dabei nach und nach den Zucker einrieseln lassen.

2. Die Mandeln mit einem Schneebesen unter den Eischnee ziehen. Die Backoblaten in regelmäßigen Abständen auf einem Backblech verteilen.

3. Jeweils 1 Teelöffel der Makronenmasse auf eine Backoblate geben. Jede Makrone nach Belieben mit einer Mandelhälfte verzieren. Das Blech auf der mittleren Einschubleiste in den kalten Backofen schieben. Den Ofen auf 150 °C einstellen und dann die Makronen 25 bis 30 Minuten backen.

4. Die Plätzchen auf einem Kuchengitter abkühlen lassen und bis zum Verzehr in einer Blechdose aufbewahren.

Variationen:
Auf die gleiche Weise können Sie Haselnußmakronen zubereiten, indem Sie anstelle der Mandeln geriebene Haselnüsse verwenden. Sehr fein schmecken die Mandelmakronen auch, wenn Sie sie mit einer Schokoladenglasur überziehen. Hierfür 50 g Zartbitterkuvertüre im Wasserbad schmelzen und die abgekühlten Makronen jeweils mit der Oberseite hineintauchen. Die Plätzchen anschließend mit gehackten Mandeln bestreuen und auf Pergamentpapier trocknen lassen.

Marzipanmakronen

- Für etwa 30 Stück
- Zubereitungszeit: ca. 1 Std.
- ca. 60 kcal je Stück

100 g Zucker
1 P. Vanillezucker
3 Eiweiß
1 Prise Salz
200 g Marzipanrohmasse
50 g gemahlene Haselnüsse
5 Tropfen Bittermandelaroma

1. Den Backofen auf 160 °C vorheizen. Den Zucker und den Vanillezucker vermischen. Ein Eiweiß zusammen mit dem Salz steif schlagen. Sobald die Masse halbsteif ist, die Zuckermischung löffelweise dazugeben und weiter schlagen, bis ein steifer Schnee entsteht.

2. Die Marzipanrohmasse sehr fein hacken. Die restlichen Eiweiße steif schlagen und dann das Marzipan und die Haselnüsse unterziehen. Beide Eiweißmassen miteinander vermengen, alles mit Bittermandelaroma aromatisieren und in einen Spritzbeutel mit großer Lochtülle füllen.

3. Ein Backblech mit Backpapier belegen. Die Eiweißmasse jeweils im Abstand von 2 cm als kleine Häufchen auf das Blech spritzen.

4. Die Marzipanmakronen auf der mittleren Einschubleiste des Ofens etwa 12 Minuten backen und anschließend auf einem Kuchengitter abkühlen lassen.

Tip:
Nach Belieben können Sie die Marzipanmakronen vor dem Backen mit Haselnuß-, Walnuß-, oder Pinienkernen verzieren.

Mandelmonde

- Für etwa 35 Stück
- Zubereitungszeit: ca. 1 Std.
- ca. 50 kcal je Stück

2 Eiweiß (je nach Größe der Eier, bei kleinen Eiern 3 Eiweiß)
125 g Puderzucker
1 Prise Salz
1 Ei
150 g Mandelsplitter
3 EL Mehl

1. Die Eiweiße in eine hohe Rührschüssel geben und darin halbsteif schlagen. Dabei den Puderzucker einrieseln lassen. Dann das Salz und das Ei dazugeben und das Ganze zu einer schaumigen, weißlichen Masse aufschlagen.

2. Den Backofen auf 200 °C vorheizen. Die Mandelsplitter noch etwas hacken und zusammen mit dem Mehl mit einem Schneebesen unter die Eimasse ziehen.

3. Ein großes Backblech mit Backpapier belegen. Aus der Eimasse mit einem Teelöffel kleine Häufchen abstechen und diese im Abstand von 2 bis 3 cm auf das Blech setzen. Ein zusammengefaltetes Tuch auf einen Tisch legen und das Blech einige Male daraufschlagen, damit sich der Teig auf dem Blech etwas verteilt.

4. Die Plätzchen 8 bis 10 Minuten im Ofen backen. Dabei darauf achten, daß sie nicht dunkel werden. Eventuell nach halber Backzeit die Hitze auf 180 °C reduzieren.

5. Die noch warmen Plätzchen auf einem Wellholz halbrund biegen.

Schokozwerge

- Für etwa 80 Stück
- Zubereitungszeit: ca. 3/4 Std.
- ca. 70 kcal je Stück

250 g Butter
180 g Zucker
2 Eier
1 P. Vanillezucker
350 g Mehl
200 g Cornflakes
100 g feingehackte Halbbitterschokolade
125 g Rosinen
Butter für das Blech

1. Den Backofen auf 200 °C vorheizen. Die Butter zusammen mit dem Zucker schaumig rühren. Dann die Eier einzeln unterrühren. Den Vanillezucker hinzufügen. Das Mehl dazusieben und gründlich daruntermischen.

2. Die Cornflakes, die Schokolade sowie die Rosinen dazugeben und mit einem Spatel vorsichtig unter den Teig ziehen. Ein Backblech mit Butter einfetten.

3. Von dem Teig mit einem Eßlöffel etwa walnußgroße Bällchen abnehmen und diese jeweils auf das Blech geben. Die Schokozwerge im Ofen in etwa 15 bis 20 Minuten goldbraun backen.
(auf dem Foto oben)

Tip:
Diese leckeren Plätzchen sind schnell gemacht und auch für einen Kindergeburtstag ideal.

Florentiner

- Für etwa 40 Stück
- Zubereitungszeit: ca. 1 Std.
- ca. 100 kcal je Stück

100 g Butter
150 g Zucker
5 EL flüssiger Honig
125 g Sahne
200 g Mandelblättchen
50 g fein gehacktes Orangeat
Papierbackförmchen (6 cm Ø)
100 g Zartbitterkuvertüre

1. Den Backofen auf 200 °C vorheizen. Die Butter, den Zucker und den Honig in einem Topf unter ständigem Rühren erhitzen, bis eine zähflüssige Masse entsteht. Die Sahne dazugießen, kurz aufkochen lassen, nun die Mandelblättchen und das Orangeat dazugeben und das Ganze etwa 5 Minuten unter Rühren köcheln lassen.

2. Je einen gehäuften Teelöffel der Masse in die Papierbackförmchen geben, diese auf ein Backblech stellen und die Plätzchen 10 bis 15 Minuten backen.

3. In den Förmchen abkühlen lassen. Dann jeweils herauslösen und mit der Unterseite nach oben auf ein Kuchengitter legen. Die Kuvertüre im Wasserbad schmelzen und die Unterseite der Florentiner jeweils mit einem Backpinsel dick mit Kuvertüre bestreichen. Auf dem Gitter trocknen lassen.
(auf den Foto unten)

Tip:
Nach Wunsch können Sie in die weiche Kuvertüre mit einem Garnierkamm ein Wellenmuster ziehen.

BRAUCHT ZEIT · KNUSPRIG

BRAUCHT ZEIT · KNNACKIG

Zimtsterne

- Für etwa 35 Stück
- Zubereitungszeit: ca. 1 1/4 Std.
- Zeit zum Trocknen: ca. 3 Std.
- ca. 90 kcal je Stück

4 Eiweiß
1/2 unbehandelte Zitrone
350 g Puderzucker
250 g gemahlene Mandeln
1/2 TL Zimtpulver
etwas Zucker

1. Die Eiweiße zusammen mit einigen Tropfen kaltem Wasser steif schlagen. Von der Zitrone die Schale abreiben und die Frucht auspressen. Puderzucker zusammen mit Zitronenschale und -saft langsam in den Eischnee einrühren, bis eine dünnflüssige Masse entsteht. Eine Tasse von der Masse für die Glasur beiseite stellen.

2. Unter den restlichen Eischnee die Mandeln und das Zimtpulver ziehen. Eine Arbeitsfläche mit Zucker bestreuen, die Teigmasse darauf portionsweise fingerdick ausrollen und dann mit Glasur bestreichen.

3. Einen Sternausstecher in kaltes Wasser tauchen und damit jeweils Sterne ausstechen. Das Ausstechförmchen zwischendurch immer wieder in Wasser tauchen.

4. Die Sterne auf ein mit Backpapier belegtes Blech setzen und etwa 3 Stunden trocknen lassen.

5. Den Backofen auf 170 °C vorheizen. Die Sterne auf der mittleren Einschubleiste des Ofens etwa 1/4 Stunde backen.

Tip:
Geben Sie beim Steifschlagen von Eiweiß stets einige Tropfen kaltes Wasser hinzu, dann wird die Masse garantiert steif.

Himmlische Makronen

- Für etwa 80 Stück
- Zubereitungszeit: ca. 1/2 Std.
- ca. 40 kcal je Stück

3 Eiweiß
230 g Puderzucker
1 P. Vanillezucker
100 g Schwartau Echte Belegkirschen, bunt
200 g Schwartau Haselnüsse, gehackt
100 g Raspelschokolade

1. Die Eiweiße in einer hohen Rührschüssel sehr steif schlagen. Dabei nach und nach den Puderzucker und den Vanillezucker einrieseln lassen. Die Belegkirschen grob zerkleinern und einige Stücke für die Verzierung beiseite legen.

2. Den Backofen auf 150 °C vorheizen. Die Belegkirschen zusammen mit den Haselnüssen und der Raspelschokolade mit einem Schneebesen vorsichtig unter den Eischnee ziehen.

3. Ein Backblech mit Backpapier belegen. Zwei Teelöffel in kaltes Wasser tauchen und damit von der Masse kleine Häufchen abnehmen. Diese jeweils auf das Blech geben. Die Teelöffel zwischendurch immer wieder in kaltes Wasser tauchen.

4. Jede Makrone mit einem Stück Belegkirsche verzieren und das Gebäck auf der mittleren Einschubleiste des Ofens 15 bis 20 Minuten backen.

Fleksmakronen

- Für etwa 75 Stück
- Zubereitungszeit: ca. 1 Std.
- Zeit zum Kühlen: ca. 2 Std.
- ca. 70 kcal je Stück

250 g Butter
300 g Köllns Kernige
200 g Kölln Knusprige Haferfleks
200 g Zucker
1 P. Vanillezucker
3 Eier, 5 EL Mehl
1 TL Backpulver

1. Die Butter in einem großen Topf kochendheiß werden lassen. Sofort die Haferflocken und die Haferkleks einrühren und das Ganze gut durchrühren.

2. Den Topf vom Herd nehmen und die Masse in 2 Stunden ganz abkühlen lassen.

3. Anschließend Zucker zusammen mit Vanillezucker und Eiern schaumig rühren. Mehl und Backpulver vermischen, dazusieben und unterrühren. Zum Schluß die Haferflockenmasse einrühren.

4. Den Backofen auf 200 °C vorheizen. Ein Backblech mit Backpapier belegen. Zwei Teelöffel in kaltes Wasser tauchen und damit von der Masse kleine Häufchen abnehmen. Diese jeweils auf das Blech setzen. Die Teelöffel zwischendurch immer wieder in kaltes Wasser tauchen.

5. Die Makronen auf der mittleren Einschubleiste des Ofens 10 bis 12 Minuten backen.
(auf dem Foto oben)

Tip:
Die Makronen gehen besonders gut auf, wenn sie bei 250 °C 4 Minuten gebacken und dann bei 200 °C nochmals 2 bis 3 Minuten gebacken werden.

Rum-Marzipan-Kekse

- Für etwa 25 Stück
- Zubereitungszeit: ca. 1 1/4 Std.
- ca. 140 kcal je Stück

Für den Teig:
150 g Butter
100 g flüssiger Honig
1 Ei
abgeriebene Schale einer unbehandelten Zitrone
150 g Mehl
100 g gemahlene Mandeln
Butter für das Blech

Für die Füllung:
100 g Marzipanrohmasse
1 EL flüssiger Honig
1 TL Rum

1. Butter zusammen mit Honig und Ei schaumig rühren. Die Zitronenschale hinzufügen. Mehl und Mandeln löffelweise unter ständigem Rühren dazugeben und das Ganze zu einem weichen Teig verkneten.

2. Ein Backblech einfetten. Den Teig in einen Spritzbeutel mit großer Sterntülle füllen und kleine Häufchen auf das Blech spritzen. Das Blech in den kalten Ofen schieben und die Plätzchen bei 200 °C 20 bis 25 Minuten backen.

3. Danach auf einem Kuchengitter abkühlen lassen. Für die Füllung Marzipanrohmasse mit Honig und Rum verkneten. Jeweils 2 Plätzchen mit etwas Füllung zusammenkleben.
(auf dem Foto unten)

ZEITINTENSIV · KNUSPRIG

BRAUCHT ZEIT · AROMATISCH

Orangenkringel

- Für etwa 40 Stück
- Zubereitungszeit: ca. 1 Std.
- Zeit zum Quellen: ca. 1/4 Std.
- ca. 60 kcal je Stück

Für den Teig:
1 unbehandelte Orange
150 g Dinkel
100 g Hirse
100 g Butter
80 g flüssiger Honig
3 Eigelb
1 TL Weinsteinbackpulver
Butter für das Blech

Für die Glasur:
2 EL Honig
3 EL Zitronensaft

1. Die Orange heiß waschen, abtrocknen und die Schale fein abreiben. Dann die Frucht auspressen. Den Dinkel und die Hirse jeweils fein mahlen.

2. Die Butter zusammen mit dem Honig und den Eigelben schaumig rühren. Dann die Orangenschale hinzufügen. Den Dinkel und die Hirse mit dem Backpulver vermischen und zusammen mit dem Orangensaft dazugeben.

3. Alle Zutaten mit den Quirlhaken des Handrührgeräts zu einem weichen, glatten Teig verrühren. Diesen etwa 1/4 Stunde bei Zimmertemperatur quellen lassen.

4. In der Zwischenzeit den Backofen auf 200 °C vorheizen und ein Backblech einfetten.

5. Den Teig in einen Spritzbeutel mit Sterntülle füllen und auf das Backblech Ringe von 6 bis 7 cm Ø spritzen.

6. Das Blech auf der mittleren Einschubleiste in den Backofen schieben und die Plätzchen 10 bis 15 Minuten backen.

7. Die Plätzchen herausnehmen, mit einem flachen Messer vom Blech lösen und auf einem Küchengitter abkühlen lassen.

8. Für die Glasur den Honig bei milder Hitze erwärmen, mit dem Zitronensaft verrühren und die noch heißen Orangenkringel mit der Mischung bestreichen.

Tip:
Falls Sie keine Getreidemühle besitzen, um den Dinkel und die Hirse selber zu mahlen, können Sie in Bioläden beides bereits gemahlen kaufen. In einigen Bioläden oder Bäckereien stehen auch Getreidemühlen, die man kostenlos benutzen kann.

Variation:
Wenn der Teig besonders aromatisch sein soll, können Sie ihn zusätzlich mit 1 Teelöffel Orangenlikör (Curaçao) würzen. Sehr fein schmecken die Orangenkringel auch, wenn Sie nur die Hälfte des Orangensaftes nehmen und die restliche Hälfte durch Orangenblütenwasser (in Apotheken erhältlich) ersetzen.

Himmelsbrot

- Für etwa 90 Stück
- Zubereitungszeit: ca. 1 Std.
- ca. 50 kcal je Stück

Für den Teig:
4 Eiweiß, 250 g Zucker
1 P. Vanillezucker
150 g Marzipanrohmasse
300 g gemahlene Mandeln
1 TL Zimtpulver

Für die Glasur:
100 g Zartbitterkuvertüre

1. Die Eiweiße in einer hohen Rührschüssel steif schlagen. Dabei den Zucker und den Vanillezucker einrieseln lassen.

2. Den Backofen auf 150 °C vorheizen. Die Marzipanrohmasse mit einer Gabel zerkrümeln, mit den Mandeln und dem Zimtpulver vermengen und die Mischung mit einem Schneebesen unter den Eischnee ziehen.

3. Ein Backblech mit Backpapier belegen. Den Teig in einen Spritzbeutel mit großer, glatter Tülle füllen und 10 cm lange Streifen auf das Blech spritzen. Das Blech in den Ofen geben und die Plätzchen 25 Minuten backen.

4. Die Himmelsbrote vorsichtig vom Backpapier lösen und auf einem Kuchengitter kurz abkühlen lassen. Die Zartbitterkuvertüre im Wasserbad schmelzen und die Himmelsbrote jeweils mit den Enden hineintauchen. Auf Pergamentpapier trocknen lassen.

Katzenzungen

- Für etwa 40 Stück
- Zubereitungszeit: ca. 3/4 Std.
- ca. 30 kcal je Stück

2 Eiweiß
60 g weiche Butter
60 g Zucker
1 P. Vanillezucker
140 g Mehl

1. Den Backofen auf 200 °C vorheizen. Die Eiweiße in eine leicht vorgewärmte Schüssel geben und darin schaumig schlagen. Die Schüssel in ein Wasserbad von maximal 50 °C stellen und die Eiweiße warm schlagen.

2. In einer anderen Schüssel die Butter zusammen mit dem Zucker und dem Vanillezucker schaumig schlagen. Unter ständigem Rühren die Eiweißmasse nach und nach hinzufügen.

3. Das Mehl darübersieben. Alles sehr rasch mischen, ohne die Masse zu stark zu bearbeiten. Ein Backblech mit Backpapier belegen.

4. Den Teig in einen Spritzbeutel mit glatter Tülle füllen. Kleine Teigstreifen von 5 bis 6 cm Länge auf das Blech spritzen. Dabei Zwischenräume belassen, da der Teig leicht zerfließt.

5. Die Katzenzungen im Ofen 8 bis 10 Minuten backen und dann auf einem Kuchengitter abkühlen lassen.

Variation:
Bestreichen Sie die Hälfte der Katzenzungen mit Konfitüre oder Nuß-Nougat-Creme und setzen Sie die restlichen Katzenzungen jeweils darauf.

Marschalltörtchen

- Für etwa 60 Stück
- Zubereitungszeit: ca. 2 Std.
- Zeit zum Ruhen: ca. 1 Std.
- ca. 110 kcal je Stück

Für den Teig:
350 g Mehl, 200 g Butter
1 Btl. Citro-back, 100 g Zucker
3 Eigelb, 1 Btl. Rum-back

Für den Belag:
200 g Schwartau Haselnüsse, gemahlen
50 g Semmelbrösel, 3 Eiweiß
250 g Zucker, 1 TL Weißwein

Außerdem:
etwa 60 runde Backoblaten (5 cm Ø)
Schwartau Echte Belegkirschen, bunt
Puderzucker zum Bestäuben

1. Alle Teigzutaten in eine Schüssel geben und darin zu einer glatten Kugel verkneten. In Alufolie wickeln und für $^1/_2$ Stunde kühl stellen. Den Teig zwischen 2 Bögen Pergamentpapier $^1/_2$ cm dick ausrollen, runde Plätzchen von 4 cm Ø ausstechen, diese jeweils auf die Backoblaten legen und das Ganze nochmals $^1/_2$ Stunde kühl stellen.

2. Den Backofen auf 200 °C vorheizen. Haselnüsse und Semmelbrösel ohne Fettzugabe anrösten und abkühlen lassen. Die Eiweiße sehr steif schlagen, dabei den Zucker einrieseln lassen. Den Weißwein einrühren und die Masse nochmals aufschlagen. Dann die Nuß-Semmelbrösel-Mischung unterheben.

3. Mit einem Teelöffel jeweils kleine Häufchen auf die Teigplätzchen setzen, in die Mitte jeweils eine Belegkirsche drücken. Im Ofen 20 bis 25 Minuten backen und dann mit Puderzucker bestäuben.
(auf dem Foto oben)

Spritzgebäck

- Für etwa 75 Stück
- Zubereitungszeit: ca. 1 Std.
- Zeit zum Trocknen: über Nacht
- ca. 90 kcal je Stück

Für den Teig:
250 g weiche Butter, 1 Btl. Citro-back
250 g Zucker, 3 Eier
100 g Schwartau Süße Mandeln, gemahlen
450 g Mehl, $2^1/_2$ TL Backpulver

Zum Verzieren:
weiße Kuvertüre
Vollmilchkuvertüre
Zartbitterkuvertüre
Schokoladenstreusel
bunte Zuckerstreusel

1. Butter zusammen mit Citro-back und Zucker schaumig rühren. Die Eier einzeln unterrühren, dann die Mandeln einarbeiten. Das Mehl mit dem Backpulver mischen, dazusieben und gründlich unterrühren.

2. Ein Backblech mit Backpapier belegen. Den Teig in einen Spritzbeutel mit mittelgroßer Tülle füllen und auf das Blech S-Formen spritzen. Diese über Nacht trocknen lassen.

3. Den Backofen auf 200 °C vorheizen. Das Gebäck etwa $^1/_4$ Stunde backen, dann abkühlen lassen.

4. Weiße Kuvertüre, Vollmilch- und Zartbitterkuvertüre jeweils im Wasserbad schmelzen. Das Gebäck jeweils zur Hälfte in eine der Kuvertüren tauchen, mit Schokoladen- oder bunten Zuckerstreuseln bestreuen und auf Pergamentpapier trocknen lassen.
(auf dem Foto unten)

ZEITINTENSIV · AROMATISCH

ZEITINTENSIV · MÜRBE

Perfektes Spritzgebäck

Ohne Fett bzw. Butter gelingt kein echtes Spritzgebäck. So machen es die Profis: 150 g Butterschmalz (z. B. Butaris, Supermarkt), 1 Päckchen Vanillin-Zucker und 50 g Puderzucker mit dem Schneebesen cremig rühren. Ein Ei und 200 g Mehl unterrühren. Den Teig in einen Spritzbeutel füllen und die Kekse auf ein Backblech spritzen. 1 Stunde kühl stellen. Danach im vorgeheizten Backofen bei 200 Grad 8–10 Minuten backen. Plätzchen herausnehmen, auf einem Kuchengitter abkühlen lassen, dann erst mit Puderzucker bestäuben.

Knusperplätzchen „Missouri“

- Für etwa 50 Stück
- Zubereitungszeit: ca. 1 Std.
- ca. 60 kcal je Stück

50 g ungeschwefelte Rosinen
3 EL Rum
100 g Butter
150 g brauner Zucker
1 P. Vanillezucker
1 Ei, 1 Prise Salz
50 g USA-Sonnenblumenkerne
40 g getrocknete Aprikosen
40 g feine Haferflocken
100 g Mehl
$^1/_2$ TL Backpulver
60 g Haferfleks oder Rice Crispies

1. Den Backofen auf 200 °C vorheizen. Die Rosinen grob hacken und in einer Schüssel mit dem Rum vermischen.

2. Die Butter schaumig rühren. Zucker, Ei und Salz einrühren. Die Sonnenblumenkerne und die Aprikosen jeweils grob hacken und zusammen mit der Rum-Rosinen-Mischung hinzufügen.

3. Das Mehl mit dem Backpulver mischen, dazusieben und zusammen mit den Haferfleks oder Rice Crispies unterheben. Ein Backblech mit Backpapier belegen.

4. Mit Hilfe von 2 Teelöffeln von dem Teig jeweils kleine Häufchen abnehmen und diese auf das Blech setzen. Dabei genügend Abstand lassen. Der Teig ergibt 2 Bleche à etwa 25 Stück.

5. Die Plätzchen im Ofen etwa 10 Minuten backen. Noch heiß vom Papier lösen und auf einem Kuchengitter abkühlen lassen.

Rezeptverzeichnis

Dieses Buch gehört zu einer Kochbuchreihe, die die beliebtesten Themen aus dem Bereich Essen und Trinken aufgreift. Sie erhalten die Titel überall dort, wo es Bücher gibt.

Bei diesem Buch handelt es sich um eine überarbeitete Ausgabe des bereits unter dem Titel „Makrone, Kipferl & Co." (1609) erschienenen Buches.

Dieses Buch wurde auf chlorfrei gebleichtem und säurefreiem Papier gedruckt.

Wir danken der Firma SIGG AG, CH Frauenfeld, für die freundliche Unterstützung.

ISBN 3 8068 2349-9

Umschlaggestaltung: Peter Udo Pinzer
Gestaltungskonzeption: Christa Johanna Gramm
Redaktion dieser Auflage: Tanja Schindler
Umschlagfotos: vorne außen: Ulrich Kopp, Füssen (Rezepte: „Florentiner", Seite 50; „Zimtsterne", Seite 52; „Marzipanmakronen", Seite 48; vorne innen: Anschlag & Goldmann, Borken; hinten: FALKEN Archiv (Rezept: „Marzipanlebkuchen", Seite 18 rechts)
Fotos: Seite 7, 43: **CMA-Butterschmalz**, Bonn; Seite 13, 27 o., 35, 51 o.: **CMA**, Bonn; Seite 6, 24, 25, 41, 55 o.: **Peter Kölln, Köllnflockenwerke**, Elmshorn; Seite 11,19 o., 31, 38, 39, 45 o., 53, 61: **Schwartauer Werke**, Bad Schwartau; Seite 62: **USA-Sonnenblumenkerne**; alle anderen Fotos: **FALKEN Archiv**
Produktion: Dr. Reitter & Partner GmbH, Vaterstetten

Satz: Dr. Reitter & Partner GmbH, Vaterstetten
Druck: Ludwig Auer GmbH, Donauwörth

01609 0195X 817 2635 4453 6271